给孩子的简明中国史

A Child's History of China

太喜欢历史了！

知中编委会 编著

 明

中信出版集团 | 北京

图书在版编目（CIP）数据

太喜欢历史了！给孩子的简明中国史 / 知中编委会
编著. -- 北京：中信出版社，2019.4（2025.9 重印）
ISBN 978-7-5086-9375-0

Ⅰ. ①太… Ⅱ. ①知… Ⅲ. ①中国历史－少儿读物
Ⅳ. ①K209

中国版本图书馆CIP数据核字(2019)第013398号

明（太喜欢历史了！给孩子的简明中国史）

编　　著：知中编委会
出版发行：中信出版集团股份有限公司
　　　　　（北京市朝阳区东三环北路27号嘉铭中心　邮编　100020）
承 印 者：北京联兴盛业印刷股份有限公司

开　　本：787mm×1092mm　1/16　　印　　张：4.75　　　字　　数：90千字

版　　次：2019年4月第1版　　　　印　　次：2025年9月第32次印刷

书　　号：ISBN 978-7-5086-9375-0

定　　价：398.00元

明

出版人 & 总经理
苏静

艺术指导
汉堡

内容监制
叶扬斌

撰稿人
郭怡菲 / 罗灿 / 书鱼 / 徐乐 / 许峥 / 李艺 / 绪颖 /
陆西渐

插画师
Ricky / 蒋讲太空人 / 子鱼非 / 黄梦真 / Zoey /
Yoka

策划编辑
王菲菲 / 苏静

责任编辑
陈鹏 / 叶扬斌 / 刘莲

营销编辑
马英 / 谢沐 / 张雪文 / 严婧 / 刘天怡

联系我们
zhichina@foxmail.com

发行支持
中信出版集团股份有限公司，北京市朝阳区惠新
东街甲 4 号，富盛大厦 2 座，100029

微博账号
@ 知中 ZHICHINA

微信账号
ZHICHINA2017

明

文：罗灿

绘：蒋讲太空人（时代背景）
　　Ricky（衣食住行，历史事件）

重新崛起的汉族王朝

14世纪中叶的中国，正处在元朝统治的末期。朝内各派互相攻伐，各地水旱灾害频频发生。天下一片混乱，许多百姓流离失所。农民朱元璋趁机崛起，在纷乱的农民起义中击败了其他农民领袖，接着一路北伐中原，打败元朝，最后建立了明朝。

在明朝，一切都在稳定地向前发展着。农业呈现粮食生产的专业化、商业化趋势，手工业和商业的持续发展，使这一时期的市镇增多，呈现一片繁荣景象。人们闲暇时读读小说，画画山水……生活娱乐越来越丰富。

尤其突出的是，继元朝之后，明朝迎来了中国历史上第三次造船和航海高峰——郑和七下西洋，将大明王朝的国威远扬海外。然而，到了明朝中后期，宦官专权，政治腐败，国力也就逐渐衰退。讽刺的是，明朝从农民起义中开国，又在农民起义中走向灭亡。

生活在明朝

（衣）

在明朝，不论男女，都喜欢穿长衫。女性一般会穿"衫"，它是一种宽大的长裙，在裙衫外面，她们还喜欢再套一件过膝的长背心。

到了明朝晚期，女性开始流行穿"水田衣"。这是一种由碎布片拼接而成的长裙，看起来确实像把一块块的水田拼接在一起。"水田衣"其实在唐朝就已经出现，明朝人加以改造后，使碎布片的形状和颜色更加丰富，逐渐成为一种时尚装束。

头巾和帽子在明朝地位特殊，根据巾帽的款式，很容易就可以判断一个人的身份地位。明朝的巾帽样式，在所有朝代中是较多的，并且每一种都有特定名字。"一统河山巾"（网巾）和"六合一统帽"（瓜皮小帽）是当时最流行的两种。如果你生活在明朝，会怎么搭配这些服饰呢？

明朝就开始出现从美洲传入的食物了！你知道有哪些吗？

食

　　小朋友们在家里，都吃过很多种蔬菜吧？像白菜、胡萝卜、莴苣、水芹菜、茄子、韭菜、木耳等。和小朋友们一样，明朝的百姓也同样能吃到这些蔬菜。明朝的蔬菜品种，可是当时世界上种类相当齐全的。在明朝的城市周边，还出现了许多专门从事蔬菜种植的农民。

　　明朝中后期，随着海外贸易的增多，玉米、番薯（地瓜）、落花生、马铃薯（土豆）等原产自美洲的食物也开始源源不断地传入中国。

　　小朋友们都知道，在公共场合是不能抽烟的。那么你们知道烟草是从什么时候开始有的吗？其实，烟草是在明朝末年传入中国的。由于烟草有药用的功效，所以起初只是作为药材种植。后来，吸食烟草逐渐成为一种风气。

住

　　到了明朝，砖在房屋建筑中的使用得到普及，很多百姓都能住上砖瓦房了。室内陈设也已经非常完备，大立柜、盆架、衣架、桌子、交椅、板凳、床等都不再是奢侈品，而是普通百姓的居家必备。

　　这时候，老百姓的房屋建造已经走向程式化和标准化，区域特色也开始变得明显起来。我们现在看到的北京传统四合院、安徽的白墙青瓦徽派住宅、福建的圆形土楼等，都在这一时期走向成熟。

北京四合院

福建圆形土楼

徽派住宅

行

　　明朝时期，中国的造船业和航海业可是达到了历史顶峰！那时的水路交通网已经十分发达，线路清晰，行程准时。在江南地区，人们出行离不开一种叫"夜航船"的交通工具。之所以叫"夜航船"，是因为它装载客货并代为传递信物，用于夜间航行。由此可见，明朝的水上交通确实繁忙！

01

平民皇帝
朱元璋的帝国建造！

▶ 早年，朱元璋是一个四
处流浪的乞丐。

世界 大事记 中国

1368年 元顺帝撤出大都，明朝建立　　　　　　　　　　　　　1370年 设科举制度

从农民，到皇帝

在中国的历代君主中，明朝开国皇帝朱元璋可能是出身最为寒微的一位。十六岁那年，朱元璋的家乡发生了严重的饥荒和瘟疫，不到半个月，父亲、大哥和母亲都相继死去。除了他自己，全家就剩下二哥一家三口活了下来。为了谋生，年轻的朱元璋只好到家附近的皇觉寺当了和尚，做些杂活。然而，寺庙的粮食也十分紧张，没过多久，朱元璋就被迫离开家乡，过着流浪讨饭的生活。

当朱元璋忍饥挨饿、四处行乞的时候，外面的世界也一样不太平。这个时候，朝廷的腐败已经不可挽回，天灾加上人祸，大家难以生存，于是纷纷起来反抗。几年后，朱元璋的家乡也发生了农民起义，领头人正是他未来的岳父，名叫郭子兴。朱元璋于是投奔了起义军，屡建奇功，后来郭子兴去世，朱元璋便继承了他的部队的指挥权。

从小过着贫穷漂泊生活的朱元璋，有着过人的胆识和谋略。他领导的部队纪律严明，越战越勇。带领部下征战十几年之后，他已经稳稳占据了长江流域的地盘，并一举攻破元朝都城——大都。这一年是1368年，朱元璋四十岁。他在南京宣布建立明朝，身份也由曾经最寒微的乞丐，一跃成为一国之君。

坐稳江山的手段

尽管朱元璋已经登上皇位，等待他的也并不是安逸统治。蒙古人虽然退回了草原，但总归是潜在的威胁，不能置之不理。而他在南方的地盘也只有东南的半壁江山，还没有平定天下。等到最终统一全国之时，朱元璋已年过六十。这个时候，朱氏天下已定，唯一应该考虑的就是如何让子孙坐稳江山了。

朱元璋不轻易信任别人，他将自己的二十四个儿子和一个从孙分封在全国各地，给他们兵权，让他们保卫国家、监督地方官吏。因为害怕朝臣的权力过大，将来会威胁自己的皇位，他又给了藩王们"清君侧"的权力：如果有奸臣把持朝政，他们可以直接出兵制止。朱元璋没有想到的是，自己巩固皇权的举动，却埋下了皇室骨肉相残的祸根。

安排好自己的儿孙们后，明太祖朱元璋又盯上一路陪着自己打天下的功臣了。他心里琢磨着，自己年事已高，皇太孙又还小，若不将这些权臣势力清除，辛苦得到的皇权岂不是轻易就会被他人夺去？于是，明太祖以"谋反"为借口，大肆斩杀功臣。丞相胡惟庸和凉国公蓝玉就是由于"谋反"罪名被诛杀的，连他们的家人也没能逃过一劫，总共四万五千多人株连被杀。这两起"谋反"案件，几乎杀尽了明朝的开国功臣。这就是历史上有名的"胡蓝之狱"。自胡惟庸之后，朱元璋干脆废除了丞相之职，让丞相以下的六部官

约1371年 郑和出生

▼ 坐拥天下的朱元璋，开始分封子孙，把他们派到全国各地去。

世界 大事记 中国

1378年 意大利佛罗伦萨梳毛工人起义，这是历史上第一次雇佣工人武装斗争

1380年 明太祖罢中书省，废除丞相制度　　1382年 明太祖设锦衣卫

员直接听命于皇帝。这么一来，明朝的天下可真就是朱元璋一个人的了！

明朝的特务

在明朝，只要是皇上出宫祭祀或者巡游，都能看到大批衣着华丽的侍卫，规规矩矩地跟在皇上的车轿两旁。这些随行侍卫大都来自明朝的一个特殊机构——锦衣卫。每到祭祀、巡游等重要的日子，锦衣卫的长官就会穿上御赐的飞鱼服，腰佩绣春刀，带领侍卫随行护卫在皇帝左右。他们不仅仅是皇帝出行的仪仗队，更是朱元璋控制群臣的得力助手。

朱元璋特许他们可以随时出动，刺探大臣们的一言一行，一旦大臣们有任何威胁皇权和朝廷的言行，就将他们抓起来审讯甚至处决。锦衣卫就像是一个专门为皇帝服务的特务机构。而如果哪个大臣在朝堂之上惹皇上不高兴了，就会被拖出午门，由锦衣卫来施行"廷杖"，也就是用大木棍来

打大臣们的屁股！如果遭受了这样的惩罚，轻则皮开肉绽，重则当场死亡。"胡蓝之狱"中四万五千多人的功臣宿将及家眷被诛杀，也与这些锦衣卫脱不了干系。可想而知，在明朝做官，是一件多么令人胆战心惊的事情！1387年，朱元璋亲自下令废除锦衣卫，然而到了明成祖朱棣（Zhū Dì）即位后，又重新恢复设置。锦衣卫也就成了明朝所独有的、几乎贯穿了明朝始终的特务机构。

▼ 明朝的锦衣卫长官，身穿飞鱼服，腰佩绣春刀。

02

"削藩"计划
引发叔侄大战！

1400年 "英国诗歌之父" 杰弗利·乔叟去世

1398年 朱允炆即位，开始 "削藩"

朱棣篡位是因为朱允炆"削藩"吗？

朱元璋非常喜爱他的儿子朱标，可惜这位太子英年早逝了。太子虽然去世，朱元璋却没有将皇位传给其他皇子的打算，而是直接传给了朱标的儿子、皇太孙朱允炆。对此，第四个皇子朱棣一直心存不满。但是先帝的意愿，谁也不敢违逆。

建文帝朱允炆登上皇位的时候只有二十一岁，没有任何的治国经验。但是，初生牛犊不怕虎，朱允炆并不认同祖父朱元璋的专制和独断，他想改善老百姓的生活，当一个仁慈的皇帝。朱允炆有三位心腹大臣，他们分别是黄子澄、齐泰和方孝孺。这三位也都是满腹经纶的书生。1399年，皇上和这三位书生凑在一起，大刀阔斧地进行改革。他们改变了朱元璋的严酷法律和过度集权，还减轻了百姓的徭役负担。正当朱允炆的改革进行得如火如荼时，他们的这些举动在有些人的眼里却都成了违背祖制的做法。

在朱允炆刚刚被立为储君时，他就感受到了来自各位皇叔的压力。那时他还只有十五岁，而他的叔父们兵权在握，可以指挥军队，又镇守四方多年。任何一位叔父一旦想要兴兵夺权，都是难以制止的。于是他想到的最好的办法是先发制人，在皇叔们还没有发难时，先压一压他们的权势。所以一即位，朱允炆就开始了他的"削藩"计划。

在所有叔父当中，最令朱允炆担心的是他的四皇叔朱棣。于是，他决定先将其他五位年长且占据重要封地的藩王——废除。等五位藩王被废之后，朱允炆认为，是时候向权势最大的四皇叔朱棣"动手"了。

◀ 朱允炆登上皇位的时候，只有二十一岁。

13

03

让明朝国威远扬海外的皇帝登场啦！

1401年 英议会通过火焚异教徒法令

1402年 朱棣攻陷南京，即皇帝位　　　　1405年 郑和第一次下西洋

你知道为什么朱棣要把都城搬到北京吗？

▲ 朱棣决定将都城从南京搬到北京。

夺位之战

朱棣这边，自然不会轻易被年纪轻轻的皇侄儿制服。在朱允炆开始削藩的同时，朱棣便一步步想好了应对措施。朱棣对外宣称的理由是，朱允炆公然削除藩王的头衔，撤掉他们的兵力，这不是和朱元璋"分封建制"的初衷完全背离吗？而这一切，都是朱允炆身边的三位心腹大臣一手掌控的。在朱棣看来，这不是奸臣擅政吗？这个时候，藩王当然有义务"清君侧"了！有了这样的借口，朱棣就打着"奉天靖难"的旗号，意思是遵守天命，为皇帝扫平奸臣，然后在1399年，公然起兵反抗。因此，历史上又把朱棣这次夺位的行动称为"靖难之役"。

这场夺位之战进行了整整三年，最后朱棣胜出。朱棣大军进入南京时，都城一片混乱，皇宫里莫名起了一场大火，朱允炆的皇后葬身火海，而朱允炆则下落不明。就这样，建文帝朱允

15

炆的统治在持续了四年后，以他的不知所踪画上句号。

新皇帝的新政策

朱棣占领南京后，把年号改为永乐，成为明朝的第三位皇帝。在夺位之前，朱棣作为驻守北方的藩王之一，被封燕王，以北平（今北京）为封地。后来，北方的边防在朱允炆削藩后就变得尤其薄弱，这时，早年被朱元璋赶跑的蒙古人又开始蠢蠢欲动，常常南下侵扰。所以，登基之后，朱棣心里想的一件大事，就是将都城迁到北平。历史证明，迁都的措施确实对巩固边防和管辖全国起到了重要的作用。因此，"永乐迁都"这一事件又被一些学者称作"天子守国门"。

在明朝刚刚建立时，朱元璋为了牢牢掌控皇权，废除了丞相和中书省。他这样做的确把所有的权力集中到了自己一人手中，但是没过多久，有个问题迅速暴露出来，那就是没有人帮皇上看奏折、处理政务了。那时候，皇宫里每个月要收到几千件来自全国各地的奏折，皇上一人每天要处理几百件事情。就算是有三头六臂，他也忙不过来呀！

明成祖朱棣为了保证权力不旁落，同时减少自己的工作，想了一个两全其美的办法。他选拔了一些自己信任的官员组成"内阁"，专门帮助自己审阅。但是，这些人只能参与讨论国事，并不能像宰相

▶ "靖难之役"中，皇宫里莫名起了一场大火。

世界
大事记
中国

1409年 托勒密的《地理学指南》被译成拉丁文，自此"地圆说"渐行于欧洲

1413年 明"十三陵"中最早的明成祖长陵建成

一样决定国家大事如何处理。这样，一个国事咨询机构就正式建立了。

超级百科全书的诞生

对刚刚即位的朱棣来说，除了迁都北京和组建内阁，还有一件看起来无足轻重的事情也是必须提上议程的，那就是修书。朱棣心里十分明白，朝廷内外的官员们，对他篡夺皇位多多少少还是心存芥蒂。如果任由这种言论传播下去，那

怎么行？为此，他一面让自己的心腹大臣重修明太祖实录，证明自己是合法的皇位继承人；一面让文官们编修书籍，借此拉拢他们。而作为盛世君主，一定要编纂出一本前所未有的大书，才足以流芳百世。朱棣的计划是修一套百科全书，它必须收录明朝一切现存的经典文献。

1403年，朱棣将这项工作交由解缙（Xiè Jìn）来负责。第二年，解缙就兴致冲冲地向

朱棣汇报编成，取名《文献大成》。朱棣却并不满意它所包括的范围，又下令进行更大规模地重修。这一次，直到1407年才定稿，1408年抄写完，成书共计两万两千八百七十七卷，收录了近八千种经典文献。朱棣这才满意，随即以自己的年号命名，赐名《永乐大典》。

▼ 朱棣让文官们编写一部大百科全书。

1415年 葡萄牙人攻占摩洛哥休达，这是欧洲人在非洲的第一个殖民据点

1419年 捷克人民反对外来入侵者的解放战争胡斯战争爆发

1421年 朱棣正式宣布定都北平，北平改称京师

04

郑和远渡西洋，
走过了哪些地方呢？

▼ 郑和与他的宝船。之所
　以叫"宝船"，有下西
　洋寻宝的意思。

19

原来郑和并不姓"郑"，那他原本姓什么呢？

朱棣是一位有野心的皇帝。即位之后，他几次亲征北方的蒙古人，重建了长城防线，又吞并了安南国（今越南），恢复了与日本、朝鲜的友好关系。除此之外，他还有一项更宏大的计划，那就是派人出使西洋，借此扩大明朝在海外的影响。

至于谁来帮助他完成这个使命，他的心目中早已有了不二人选。早在朱棣还是燕王时，一个十岁左右的小宦官被

▼ 郑和远航归来，带回了许多中国没有的动物。

指派去侍奉他，这一侍奉就是十几年，并在跟随他征战沙场时，逐渐表现出过人的军事才能。更重要的是，在朱棣起兵发动"靖难之役"时，这位能干的宦官更是在保卫北京和攻占南京时大显身手，在帮助朱棣成功登上皇位中起了重要作用。这位宦官名叫马文和，后被朱棣赐姓"郑"，改名郑和。

郑和接受了任命，从1405年起，总计二十八年间，一直代表朝廷在茫茫大海中奔波，积极与海外各国建交。每到一个地方，郑和需要做的事情就是向当地的国王诵读一遍朱棣的诏书，表达其想和对方建立友好往来的关系，并向国王赠送礼物。

为了确保航海的顺利进行，朱棣下令为郑和建造了当时世界上最大的木帆船，取名"宝船"，意思是下西洋寻宝。此外，朱棣在宝船上还安排了海军、翻译、医生、工匠等，一共两万多人，并下令带上中国的名贵丝绸、刺绣等特产。一切准备就绪后，郑和率领的两百多艘船就浩浩荡荡地从今天江苏省太仓的刘家港出发了。

尽管有着当时世界上最先进的商船和战船，又有着充足的人力配备，郑和的船队也并不是一帆风顺。第一次远航，途经马六甲海峡时，他们就遭到了海盗的抢劫。抢劫他们的是一个大型团伙，领头的是一个颇有实力的中国人，他带领岛上的人专门抢劫途经的船只。只不过，这个团伙在从小

跟随朱棣征战沙场的郑和眼里不足为惧。劝降不成，郑和随即发动海战，将海盗团伙一举击溃，并且将其头目也抓了起来。

此外，第一次下西洋时郑和船队的使命是到达古里，也就是今天的印度西南部。古里是当时印度洋海上贸易中的重要一环，此前，古里的国王曾频繁地向明朝进贡珍贵礼物，来而不往非礼也，于是朱棣特派郑和船队，代表自己向当地国王和王公赠送礼物，表达感谢之情。返航的途中，郑和又顺便访问了暹罗（今泰国），随后在爪哇（今爪哇岛）休整船队。不巧的是，此时的爪哇正陷于内战，爪哇国的两个国王——东王和西王打得不可开交。郑和对此并不知情，照常派船员上岸进行贸易交换。战乱中，郑和的一百七十多名船员被西王误杀。郑和知道后便打算兴兵讨伐。西王听说郑和

要攻打他，赶忙派遣使臣向郑和谢罪。郑和在调查清楚船员确实是被误杀后，便取消了动用武力的计划。这件事后来以西王赔偿黄金万两而告终。此后，爪哇国敬畏明朝威严，时常进行朝贡。

经过几次远航之后，明朝以及朱棣已经声名远播，不少海外国家都想一睹大明王朝的风采。这一点，正合朱棣的心愿。于是，在1415年8月结束了第四次远航之后，共有十几个国家派遣使臣到明朝进贡，向明朝称臣。随后的第五次和第六次远航，就主要是护送这些使臣回国了。

在这场历时近三十年的大航海运动中，郑和远渡印度洋，向非洲和亚洲其他国家带去了中国的丝绸、陶瓷、茶叶等名贵特产，又从这些地方带回了中国所没有的狮子、豹、鸵鸟、斑马、犀牛、长颈鹿等奇珍异宝。贵为天子的朱棣也

1431年 圣女贞德被烧死

1433年 郑和在第七次下西洋归国途中去世

从来没有见过这些"怪兽"，不禁喜出望外。有一次，榜葛剌国进贡了一只长颈鹿，朱棣特意命沈度将这个稀罕的祥瑞之物画了下来，并取名《瑞应麒麟图》。

直到朱棣去世，航海行动仍在持续着。这一场航海行动，甚至比汉朝的张骞出使西域走得更远，诚如朱棣所愿，极大地宣扬了大明王朝的国威。在当时的外国人眼中，中国有着最先进的航海技术，军事实力同样无可比拟。此后两百余年，明朝再没有组织远航，中国海洋帝国的名声也渐渐被人忘却。

▶ 当时的皇帝朱棣也没有见过长颈鹿，甚至以为它就是传说中的"麒麟"。

23

05

内阁与司礼监，它们的角色发生了什么变化？

◀ 朱瞻基在皇宫之内设置了内书堂。

在明朝，可不是每个宦官都有学习书本知识的机会。你知道这时候宦官们上课的地方叫什么名字吗？

由于朱棣的数次北伐，加上蒙古自身内乱，无暇南下侵扰，因此明朝北方边境暂时处于安定状态，其他邻国的朝贡也仍在继续。而仁宣两朝（明仁宗与明宣宗时期）虽在明朝历史上被认为是一段过渡时期，但是这短短的十一年历史仍然值得一提。因为在这个时候，明朝内阁和司礼监的角色正悄悄地发生改变。

还记得明成祖朱棣为了减轻工作负担而组织的内阁吗？这一时期，内阁仍然被延续了下来，并且内阁中有三位重要人物——杨士奇、杨荣和杨溥，后人称他们为"三杨"。从建文帝时就入朝为官的"三杨"，在永乐年间品级都不高。然而他们在明仁宗朱高炽顺利继位的过程中出力很多，被明仁宗任命为高官。到了明宣宗朱瞻基在位时，"三杨"已经是几朝元老、朝廷重臣，达到仕途巅峰。他们开始带领和掌握内阁，处理国家大小事务。明朝的内阁机构，第一次有了处理国家大事的实权。

在"三杨"的尽心辅佐之下，国家各项事务有条不紊地进行着。但是，内阁权力越来越大，朱瞻基担心内阁超出自己的控制，于是开始物色新的人选来压制他们。这个时候，他审视四周发现，那些一直在身边服侍的宦官可不就是自己最信任的人吗！宦官从小入宫，为了服侍一国之君，受过严苛的训练，深谙宫中的大小琐事，只要让他们学会读书认字，帮自己处理公务就好了。

打定主意之后，朱瞻基就在皇宫之内为宦官们提供正规的书本教育，指定翰林学士在内书堂教宦官。内书堂就像我们现在的课堂，只不过，这是设在皇宫里面，专门给宦官上课的地方。而后，朱瞻基就开始让司礼监的宦官们制约内阁。所有的奏章都由司礼监转呈皇帝，再交给内阁批复，再由司礼监呈给皇帝决定。这个小小的举动在当时看来，并没有导致什么不好的结果，但从长远来看，却促成了明朝的一种奇怪的政治格局。即内阁与司礼监的权力都在无形地增大，最后竟不可收拾了。

25

06

轻松解决掉的
"内忧"和"外患"

宣德炉是哪一
年制成的，你
知道吗？

▼ 宣德炉的铸造，需要用
金、银、铜等贵重材料
炼十二次。

朱瞻基在即位之初还存在着一个威胁，那就是他的皇叔汉王朱高煦。朱高煦一生都在嫉妒体弱多病的哥哥朱高炽，对朱高炽被立为太子非常不满。所以，朱瞻基才刚刚即位，他就开始谋划推翻他的侄子，取而代之，就像他的父亲朱棣在二十多年前推翻朱允炆那样。

朱高煦的这些心思，朱瞻基怎么会不知道呢，只不过朱瞻基并不希望皇室因此内乱，一再忍让。但是，朱高煦丝毫不领情，依然在背地里做些小动作，直到1426年起兵造反。在"三杨"之一的杨荣等人的强烈建议之下，朱瞻基终于决定率兵亲征。出人意料的是，朱瞻基的兵马一到，朱高煦竟

不战而降。这场叛乱就这么轻易地被平定了。

在地方上，最大的不安定因素可能就是安南的"降而复叛"。安南在汉唐时期还是中国的一部分，北宋时期，不仅成为一个独立的国家，还时不时侵占中国的领地。明成祖朱棣派兵打败安南国王胡氏父子，于1407年将安南纳入明朝版图。但没过多久，安南再次叛乱。到了朱瞻基执政时，安南的反明活动更加剧烈，想要脱离明朝。他们竟然和当地的明朝官员私下签订了和议，并且让他们离开安南境内。朝廷在毫不知情的情况下，收到了这个令人震惊的消息。这时候，所有的大臣都等待着朱瞻基发布出兵的命令。但是，朱

瞻基并不是一位好战的皇帝，他认为国家的正常运转才更为重要。因此，尽管有大臣强烈反对，朱瞻基仍然做出了放弃安南的决定。

正是因为朱瞻基的考量，百姓不必过多遭受战争的侵扰，他们的生活也得到了改善。因此，历史上，又把这一短暂的过渡时期称为"仁宣之治"。

知识充电站

不可复制的宣德炉！

朱瞻基闲暇之余，爱把玩香炉。在他即位不久，就下令利用从暹罗进口的"风磨铜"，从日本进口的"倭铅"以及红铜制作一批质量上乘的香炉。在当时，普通的上等香炉只需要经过六次烧炼，但朱瞻基想要做的香炉需要用金、银、铜等贵重材料烧炼十二次。这样炼成之后，炉质之纯细，就如同婴儿的皮肤。1428年，朱瞻基终于拿到了这批特制的香炉，但随即就决定封炉停铸了。后来，就算再把当时的工匠集中起来重新炼造，也因为缺乏相同的原料而难以做出一模一样的了。因此，宣德炉凭借精巧的工艺和稀少的数量，成为世界闻名的文物。

07

两度登基的闹剧！

世界
大事记
中国

1441年 葡萄牙人首次俘获十名非洲黑人，奴隶贸易自此开始

1435年 王振掌司礼监，明朝宦官乱政自此开始

知识充电站

皇家观象台

小朋友们还记得元朝受命编制《授时历》的大天文学家郭守敬吗？当年郭守敬在全国确定了二十七个天文观测点，其中一处便设在了元的都城人都（今北京），只可惜后来被毁于元末战争。明英宗时期，重新修建了这座观测台，从建成之日起，这座皇家观象台一直使用到1929年，连续观测天文近五百年，创下了使用时间的世界纪录。

由于朱瞻基早逝，明英宗朱祁镇年仅八岁便登基当了皇帝。明朝就这样迎来了第一位幼帝。从明朝开国皇帝朱元璋，到朱祁镇的父亲朱瞻基，这期间的五位皇帝都是成年后才即位。当时谁也没想到会出现幼帝登基的局面。起初，太皇太后、内阁大臣、司礼监三股势力都对幼帝朱祁镇产生影响。后来，太皇太后去世、内阁重臣先后去世，司

◀ "土木堡之变"中，明朝的皇帝被瓦剌人俘虏了。

礼监就成了唯一能够影响皇帝的势力了。太监王振就是司礼监的首领。这是明朝第一次出现宦官独揽重权的局面，再往后，宦官扰乱朝政的情况就更严重了。

土木堡之变：一场军事闹剧

这时候，明朝周边的形势已经发生了变化。北方的瓦剌部首领也先，虽然照常向明朝进献马匹，私底下却早已做好了恢复元朝的准备。1449年，也先朝贡马匹，王振克减马价，也先便以此为借口兵分三路，大举南下攻明。正当朝廷大臣们商讨如何应对的时候，王振却突然提出让朱祁镇御驾亲征。王振此举，完全是出于私心。他急切地想保护自己北方家乡的大片田地，以免遭受瓦剌军队的侵占。但年轻的朱祁镇因充满冒险精神，又对王振言听计从，轻易就被鼓动成功。

王振带着年少的皇帝和匆忙组成的五十万兵马，意气风发地向着敌方去了。结果刚一出城，军队就因为大雨而被困在泥

29

泞中。这时候，文官武将纷纷向王振提议："现在天气如此恶劣，为了确保皇上的安全，还是先停止进军，将皇上护送回宫，再由武将继续率军前往战场吧！"王振大手一挥，断然拒绝了这一请求。他心里盘算着，这时候把皇帝送回去，岂不是太丢脸了，毕竟让皇帝亲征可是自己的主意，更何况，我方拥有五十万大军，怎么都是必胜无疑了。

将士们怒气冲天，却又无可奈何，只能继续往前。直到皇帝一行人马到达遍布尸体的前线，毫无领战经验的王振这才感到不妙，仓皇下令撤军。这时候再回去，显然已为时过晚。紧接着，当他们在土木堡（今河北怀来）稍作休息时，却被迅速赶到的瓦剌军逮个正着。明军大败，数十位随行文武大臣战死，年少的皇帝也被瓦剌人抓走了。

一切都证明，这场征伐从一开始就错漏百出，也最终成为明朝最大的一次军事惨败。同时，明朝早期健全的财政基础也被这场军事闹剧所削弱，由盛转衰。历史上将这场著名的事件称作"土木之变"或者"土木堡之变"。而作为亲手将皇帝和五十万大军送给瓦剌人的罪魁祸首，王振也自作自受，在乱军之中被愤怒的明朝将领杀死。

应对的办法

仅凭两万骑兵就打败了明朝的五十万大军，并且还俘虏了大明朝的皇帝，这可是瓦剌人怎么都没有想到的。也先决定，先以被俘的皇帝作为筹码，向明朝廷谈条件。表面上，也先是想讨一笔赎金，但实际上，他的目标是灭掉明朝。

这消息一传到北京，朝廷顿时陷入一片混乱。他们一面筹措赎金，一面激烈地争论：是不是应该把朝廷迁回南京？现在北京周围的守军已不到十万，一旦瓦剌军队突破边塞，攻打北京，极有可能守不住都

知识充电站

金花银

意思是足色、有金花的上好银两。在以农业为主的古代中国，田赋是国家财政收入的最主要来源。明朝之前，百姓们上交田赋大多都是以实物的形式，有的夏天上交麦子，有的秋天上交谷米。由于路途遥远，运送辛苦，在大臣周忱的建议下，明朝后来于1436年便在全国范围内开始使用银两代替实物交纳田赋。

1451年 意大利佛罗伦萨育婴院建成

1452年 德国教皇尼古拉斯五世发布公牛证书，使殖民奴隶贸易合法化

1450年 朱祁镇归朝

城。一些官员甚至已经开始偷偷地将家眷和财产迁往南方。这时候，兵部侍郎于谦站了出来，他极力主张留守北京抵抗。于谦的主张得到了太后和很多朝臣的支持，这才稳住了局面。

既然决定留守北京抵抗，而皇帝又被扣留在瓦剌人那边，那么势必要有一个新皇帝来主持大局。此时，朱祁镇的长子只有两岁，显然不是合适人选。最适合的，当属他同父异母的弟弟郕（chéng）王朱祁钰。就这样，朱祁钰在朝臣的拥护下顺利登基，成为明朝的第七位皇帝。明朝这边已然立了新皇帝，朱祁镇的价值顿时丧失。也先再拿朱祁镇来要挟，已经得不到明朝的回应了。一气之下，也先带着朱祁镇，向北京发起了进攻，但明朝在于谦的主持下，获得了北京保卫战的胜利，瓦剌人只好退回塞外。

被"囚禁"的废帝

进攻北京失败之后，也先明白，再扣押朱祁镇已经得不到任何好处。于是，他为朱祁镇举办了一场盛大的欢送会，将他送回了北京。而等到朱祁镇回到家，他才悲伤地感到，一切都变了。原本朱祁钰只是在非常紧急的情况下，代替朱祁镇坐上皇位主持大局，而现在，朱祁镇反倒成了没有实权的太上皇，和他的皇后、皇子一起，被软禁在偏僻的南宫，时时受到监视。时间就这么过去了六七年。

第二次登基

1457年朱祁钰突患重病不能上朝。这让一些文臣武将抓住了机会，他们带着一批禁军赶到南宫，直接将朱祁镇护送到皇宫登基，重新称帝，改年

成语讲堂

两袖清风

古代人穿的衣服没有口袋，但是袖子却特别宽大，用来放些零碎物品。官员如果贪污，就把受贿的钱财偷偷放进衣袖。但是于谦为官清廉，从来不贪污受贿，衣袖一直是空的。两袖清风的意思就是两个衣袖中除了清风以外，再没有任何东西了。一般用来比喻做官清廉。

号为"天顺"，史称"夺门之变"。由于朱祁镇之前被禁锢在南宫，这是第二次登上皇位，所以又被称作"南宫复辟"。复辟成功后的朱祁镇，重新得到了权力，废掉了朱祁钰的皇帝之位。天顺朝就这么又继续了七年。

31

08

"昙花一现"的
太平盛世！

▲ 在明朝，得通过了考试，书生们
才有做官的机会。

1470年 摩洛哥北部港市梅利利亚被西班牙占领

1464年 明朝始设皇庄

1477年 明宪宗设西厂

朱祁镇为其长子朱见深（即明宪宗）精心安排好十二位辅政大臣之后，不久就驾崩了。在这些大臣的辅佐之下，明王朝在平稳地向前发展。然而，朱见深的童年经历让他成长为一个极度缺乏安全感的人，这也间接导致了明朝的衰落。

为什么明朝开始衰落？

明英宗在土木堡之变被俘让朱见深的生活发生了翻天覆地的变化，父亲两度登上皇位，他也两度成为太子。他的童年生活就这样时时处在不安全的状态中。这期间是一位年长他十七岁的宫女悉心照顾他长大的，因此，他对这位宫女极其依赖。一即位，朱见深就封她为贵妃，并且重用她的扈从汪直。因这个宫女姓万，所以人们都称她为"万贵妃"。

明朝虽然沿用了宋元时期的科举制，但是开国皇帝朱元璋重新规定了明朝的选官制度，因此这时候的考试更难通过了。大家不仅需要通过乡试、会试、殿试的层层选拔，出题和答题的方式也更加苛刻。为了做官，读书人必须对"四书五经"了然于胸，还得会写"八股文"这种特殊的文体。只有非常刻苦努力的人，才有可能在科举考试中胜出，成为朝廷官员。

然而，朱见深宠爱的万贵妃与太监汪直却在暗地里卖官鬻（yù）爵——只要有人付钱，他们就可以为这些人安排官职，这对其他努力读书的人太不公平了！朱见深知道这件事后，却也只是睁一只眼闭一只眼，从来不加管制。不仅如此，朱见深还为他们开了"传奉官"的先河，意思就是，他们看中的人，不需要通过考试和吏部任命，就可以直接授官。这以后，工匠、道士、和尚等形形色色的人都直接入朝当了官。开国至今，延续了百余年的选官制度就这样被轻易打破了。

另外，朱见深一即位，便

你知道"斗彩瓷"的名字是怎么来的吗？

没收了太监曹吉祥的田地，设为"皇庄"，意思是皇家的庄田。他认为这么做，既惩罚了奸宦，又能增加自己的收入，岂不是两全其美？然而，这股风气一旦开始，就很难遏止了。自那以后，从藩王到皇亲国戚，再到宦官，都争相请求皇上赐给自己私人田地，权贵阶层抢掠土地的行为愈演愈烈，尤其是北京和南京周边地区。原本依靠种田为生的农民，成为最大的受害者。他们的田地被抢走，却照样要上交繁重的赋税，每日辛苦劳作却攒不下半点收成。朱见深却没有意识到，自己的这些自私举动，正将明朝引向衰落之路。

33

知识充电站

争奇斗艳的斗彩瓷！

无论是设计还是装饰，成化年间（即明宪宗时期）的瓷器都代表了明朝的最高水平，其中最具代表性的就是斗彩瓷了，因为它改变了明朝瓷器原有的彩饰方法。以往的彩瓷，只是在泥土上涂色烧制，而斗彩瓷却需要在成型的瓷器上再涂色烧制一次。两次烧制完成之后，瓷器上的彩色层次分明、争奇斗艳。所以才叫作"斗彩瓷"。后来，明神宗朱翊钧因为喜欢斗彩瓷器，还专门命工匠按照原样复制了一批。

▲ 斗彩瓷上的色彩层次分明，烧制十分不易。历史上有名的斗彩瓷器，有五彩鹅缸杯、五彩鸡缸杯、五彩菊花小杯、五彩树根小杯等。

世界 大事记 中国

1492年 意大利人哥伦布首次航抵美洲巴哈马群岛

1495年 有文字记载的黄河第五次大改道完成

你知道"吴门"代表中国的哪个地方吗？

在中国有记载的历史上，总共发生了七次"黄河大改道"。你知道这次的黄河大改道是第几次吗？

知识充电站

"吴门画派"的诞生！

明朝中后期，苏州地区农业和手工业繁荣，经济发展迅速，促进了当地文化艺术的发展。苏州的富有家庭争相购买书法、绘画艺术品，装点自己的屋宅。苏州一带的画家也开始活跃起来，他们的作品在贵族之间流行，逐渐形成一个固定流派，也就是历史上有名的"吴门画派"。"吴门"就是指苏州那一片地区。沈周、文徵明（Wén Zhēngmíng）、唐寅（即唐伯虎）和仇英都是苏州地区最出名的画家，他们后来被并称为"吴门四大家"。

是时候整治黄河了！

1487年，朱见深宠爱的万贵妃突然患病死去。心情悲痛的朱见深取消了一切朝政，辍朝整整七天。两个月后，朱见深也因病去世了。他的儿子朱祐樘（Zhu Yòuchēng）一登基便贬黜了那些危害朝廷的官员，重新启用正直的老臣，国家呈现出一派"君臣和睦"的景象。

然而，明孝宗朱祐樘在位的十八年里，自然灾害异常频繁，其中最严重的就数黄河泛滥。位于山东的黄河堤坝，经常发生决口，住在黄河边的百姓们天天提心吊胆，害怕某天突发大水，淹死自己。不仅如此，在黄河与大运河相交的地方，如果洪水来了，运粮的船舶也没有办法继续出航。粮食迟迟运不到北方地区，那北方的百姓就要忍饥挨饿了。看来，彻底整治黄河无论如何都得提上日程了！

这时候，正在地方任职的刘大夏勤恳尽职，大家都推举他来负责黄河治理这项大工程。可是，关于水利工程方面的知识，他一无所知，更别提实际操作了。临危受命，他只好硬着头皮现学现做。两年间，刘大夏没日没夜地研究河工相关的史料，又招募了地方上有经验的人士，总算想出改变黄河河道的方案。他带领着大家，一面堵塞北直隶和山东境内的几条黄河支流，一面将黄河的主河道引向东南，沿着淮河入海。一堵一疏之后，位于山东的黄河堤坝没有再发生决口，当地百姓的生活也总算步入正轨。这是历史上有文字记载的第五次黄河大改道，此后几十年里，当地再也没有因黄河而发生水患。

明

▶ 这一次黄河改道，是通
过挖河堤来人为改变
的。

09

不做皇帝，
却自封"将军"！

1507年 德国人马丁·瓦尔德西米勒绘制第一幅美洲地图

1508年 刘瑾设内行厂

恪尽职守的明孝宗朱祐樘去世之后，他唯一存活下来的皇子朱厚照继承了皇位，成为明朝的第十位皇帝，也就是明武宗正德皇帝。

这位继位时仅有十四岁的年轻皇帝，从小就头脑聪明，但他实在贪玩，根本没有治理国家的心思。这个时候，整天带他玩耍的宦官们受到他的喜爱和重视。以刘瑾为首的八位宦官，被当时的人暗地里称作"八虎"，他们每天尽心为朱厚照安排稀奇的娱乐活动，让他沉湎于玩乐。果然，慢慢地，朱厚照就不再关心国事，而把所有的事情都交由刘瑾来安排。

◀ 朱厚照亲自带着士兵，到北方的边境巡视。

1509年 英国国王亨利七世去世

1510年 杨一清、张永施计除掉了刘瑾

霸道的刘瑾

还记得前面提到的锦衣卫吗？刘瑾把持朝廷后，就想方设法把看不顺眼的官员统统赶走，又在皇宫内外大肆培植自己的"耳目"，替自己监督官员和百姓的一言一行。朱元璋执政时期，特务机构还只有锦衣卫一个，到了这时，宫外有锦衣卫，宫内还有东厂、西厂和内行厂。刘瑾设置的内行厂变成了其中权力最大的一个，皇宫内外都在刘瑾的牢牢掌控之中。官员和百姓们连话都不敢随便说，一不留神，就可能被刘瑾的手下关进大牢。

不仅如此，刘瑾还经常派宦官去地方强行征税，导致地方上的百姓们连基本的生活都难以为继。一次，刘瑾照例派宦官到宁夏收取税款，一部分百姓由于欠税，全都被刘瑾的手下抓了起来。老百姓们整日辛苦劳作，却还是交不起税款。朝廷不仅不帮助他们渡过难关，反而将他们给抓了起来。当地的百姓感到气愤极了！这时候，受封于该地的安化王抓住机会，以惩治刘瑾为借口，召集了一批将士发动叛乱。这场叛乱很快就被镇压下去，但是，"八虎"之一的宦官张永早就看刘瑾不顺眼了，正好平定叛乱的大臣杨一清曾遭刘瑾陷害，对刘瑾同样心存不满。二人于是联起手来，于1510年将刘瑾给扳倒了。

做将军好像很好玩？

"刘瑾事件"并没有让朱厚照警醒，他还是照旧不理朝政。但是，一系列小小的叛乱事件，却让贪玩的朱厚照发现了新的乐趣。从小，他就有着骑射的天分，却只能被关在皇宫里，他内心更希望能像他的先祖朱棣一样征伐沙场。他听说，武将江彬在镇压叛乱的时候身中三箭，其中一箭刺穿了面颊，可江彬非常勇猛，他干脆地拔出了箭，继续杀敌。因为擅长打仗，江彬迅速受到朱厚照的宠信。

在江彬的鼓动之下，朱厚照开始沉迷于军事活动。他将戍守北方边境的四支军队调回北京，又在皇宫里指挥一群宦官，夜以继日地进行军事演习，一高兴，就亲自带着士兵去北方边境巡视。1517年的一天，当朱厚照的队伍正在巡视边境时，鞑靼五万骑兵突然来袭。尽管明军损失惨重，但朱厚照还是凭借军事才能，指挥军队击退了鞑靼军队。这场意外的战役发生在山西应州，因此被称作"应州大捷"。

自封"将军"

这件事情极大提高了朱厚照巡视边境的热情。他不想当皇帝，却自封为将军，不久又自封为镇国公，成为全国上下官阶最高的人。在北方的边境又巡视了几次后，他觉得仅在北方活动还不够过瘾，他还想去江南看一看。这实在太荒谬了！一百多位大臣一齐上书反对，朱厚照这才心有不甘地放弃了计划。但他也狠狠地惩罚了这些上书的官员，有十一人被当场打死或者被打成重伤。没过多久，宁王在南方起兵叛乱。这下，朱厚照又找到了南

世界大事记 中国

1517年 马丁·路德发表《九十五条论纲》　　1519年 葡萄牙人麦哲伦开始环球航行

1517年 王守仁推行"十家牌法"

巡的理由，文武百官便也没有办法反驳他了。他再次自封为"奉天征讨威武大将军镇国公"，命令自己率兵南下亲征。

可是，在朱厚照的军队出师之前，正在当地剿灭贼盗的大臣王守仁早已平定了叛乱，只不过捷报还没送到北京。等到朱厚照的军队走到半路，他才得到宁王叛乱事件的汇报结果。朱厚照迫使王守仁更改捷报，以显示自己带领的军队在这次征伐中也有功劳。这件事情处理完毕之后，他便带着随行的官员一路游山玩水去了。谁知朱厚照在途中不小心落水，水呛入肺，身体也每况愈下，回朝后第二年便驾崩了。朱厚照一去世，江彬一党也迅速被消灭。

▼ 王守仁专心致志地在"格竹"。

趣味典故

"守仁格竹"的故事

平定宁王之乱的王守仁，世称阳明先生，不仅很会带兵打仗，同时还是一位哲学家。他十八岁时，第一次听说宋朝著名哲学家朱熹"格物致知"的道理。朱熹说，一草一木都饱含真理，只要观察透彻，就可以通晓其中的道理。王守仁大受启发，于是，他一本正经地坐在一片竹林前，想要通过观察，找到竹子里隐含的原理。结果不仅什么道理都没发现，反而大病一场。

"格竹"的事情，让王守仁对"格物致知"产生了一些疑惑，自己明明"格"了物，却并没有获得知识呀。很快，他又听到了另一个声音。与朱熹同时代的陆九渊认为，世间的真理怎么会存在于外界呢？只要内心清明，万事不就自然通晓了，哪里还需要观察外界？关键还是自己的内心啊！正因为此，后人将陆九渊的思想称为"心学"，其与朱熹的"理学"相对立。从此，王守仁开始对"心学"深深赞同，在他的极力发扬之下，"心学"成为明朝的重要学说之一。

10

"嘉靖"就是"家净"?!

▼ 16世纪末，日本丰臣秀吉发动对明朝藩属国朝鲜的侵略战争，明朝出兵援助朝鲜，最终和朝鲜军队一起战胜了日本军队，史称"万历朝鲜战争"。图为日本军队出征朝鲜使用的海船。

43

不好惹的新皇帝

明武宗朱厚照既没有子嗣，又没有还活着的兄弟，当时的内阁首辅杨廷和与皇太后商议，以朱厚照的名义颁布遗诏，让朱厚照的堂弟朱厚熜（Zhū Hòucōng）继承皇位。在朱厚熜从封地出发到京城之前的三十五天时间里，杨廷和迅速整顿朝纲。他铲灭江彬一党，同时，将朱厚照之前在皇宫里玩乐的场所全部废弃，尽力使朝廷恢复到之前正常的状态。一切准备就绪之后，便等着迎接从南方封地赶来的朱厚熜了。

令杨廷和没有想到的是，这位年轻的新皇帝，一来就给了他一个"下马威"。进京第一天，朱厚熜发现，掌管礼仪的官员们并不是按照迎接皇帝的标准来迎接自己，而是按照迎接皇太子的标准。他并没有表现出生气的样子，只是指着明武宗遗诏上的"嗣皇帝位"四个字说道："遗诏上说的是让我继承皇帝的位置，而不是皇太子的位置。"说完后，一行人马就停在了城外。最后，还是在皇太后的劝说之下，他才按

1534年 西班牙人罗耀拉创立耶稣会

1529年 王守仁逝世

照皇帝的礼仪登基。而这只是新皇帝和大学士们较量的第一回合而已。

朱厚熜登基第五天，他与杨廷和又因为"礼仪"的事情起了争执。朱厚熜想尽快确认亲生父母的封号，杨廷和等一派大臣为了坚守皇位继承的规矩，劝说朱厚熜把他的伯父和伯母（即明孝宗和他的皇后）当作父母，把自己的父母当作叔叔和婶婶。朱厚熜说什么也不干，双方就这么僵持了三年。三年之后，等到朱厚熜坐稳皇位，便立刻将自己父母的封号前各加一个"皇"字，以示尊敬。杨廷和深深地感到，朱厚熜根本不会听从自己的劝谏，自己恐怕没办法再有所作为，便申请退休了。

隐患再临

明世宗朱厚熜共在位四十五年，前二十年他尚且能尽职尽责，之后却越来越沉迷道教，一心只想长生不老。他在宫殿里修炼丹药，让朝中大臣穿道袍上朝，荒怠朝政。皇帝带头崇信道教，大臣们为了讨好皇帝，也纷纷练习起"青词"这种专门用来颂扬道教神仙的文章，这意外地使青词得到复兴。这时候，青词写得最好的莫过于严嵩了，所以，他很快得到朱厚熜的宠信，被当时的人戏称是"青词宰相"。

严嵩得到重用之后，却并不想着辅助皇帝治理国家，只想着如何给自己捞好处。那时候，不论是朝中文官，还是戍守边疆的军将，想要官职升迁，都得向严嵩行贿。就这样，许多无德无才之人成了朝廷大臣，边防力量也因此被削弱，北方的蒙古人和东南沿海的倭寇（日本海盗）严重威胁着明朝的边境安危。

◀ 日本海盗的入侵严重威胁着明朝百姓们的安全，海战一触即发。

1543年 波兰天文学家哥白尼的《天体运行论》出版

1550年 明末戏曲作家汤显祖出生

倭寇，最严重的威胁！

其实，明朝自从建立，就面临着两股势力的威胁：一个是北方的蒙古人，另一个是东南沿海的倭寇。在朱厚熜即位之前，明朝最严重的问题还属蒙古人的南侵，但是在历任皇帝的持续抵抗之下，还没有造成太严重的后果。而东南沿海的倭寇，趁着明朝此时海防松懈，已经大肆发展，成为明朝最严重的威胁。

这个时候，明朝的邻居日本正处于战国时期，各方征战不停。日本内战中的残兵败将和海盗商人们，为了掠夺资源和财富，开始把目光对准了明朝富庶的沿海城市。训练有素的他们带着武器，乘船来到明朝，很快与中国的走私商人串通起来，烧杀抢掠。而住在沿海的明朝百姓，手无缚鸡之力，哪里是他们的对手呢。一旦倭寇攻破城池，城中百姓不仅家产、田宅不保，性命都堪忧。他们整日惶恐不安，祈祷着有人能赶走这些暴虐的倭寇。

朱厚熜即位以来，倭寇经常侵犯明沿海地区。朝廷好几

▼ 戚继光为了打败倭寇，积极训练士兵们。

次派兵抗倭，但都没能根除倭患。要彻底解决这个问题，就不得不提一个人，他就是戚继光。1556年，当时浙江、江苏一带的抗倭主将胡宗宪，因为看到戚继光很有军事才能，便向朝廷推荐他。于是，戚继光就被任命负责浙江宁波、绍兴、台州等地的抗倭工作。

大英雄戚继光

戚继光果然不负众望，他一到浙江，便打了一场小小的胜仗，将一群八百多人的倭寇团伙赶跑了。城中百姓始终悬着的心，可算放了下来。有大英雄戚继光在，就仿佛有了"保护伞"一般。但是，戚继光心里并不高兴。他担忧的是，这里的士兵作战能力太弱，容易临阵退缩。他决定重新招募士兵，并按照自己的方法来训练他们。

就在这时，戚继光得知，附近的义乌刚刚发生一场农民械斗，当地的农民自成一队，把准备到当地采矿的外地人全都打跑了。戚继光心中一喜，赶忙去义乌招兵。他提了几点要求：城里人不要，皮肤白皙

为了赶走倭寇，戚继光发明了一种新型的武器。你知道它叫什么名字吗？

47

的人不要，特别听话的人不要，以前和倭寇交战打过败仗的人不要。由于这时候戚继光已经声名在外，很快，他就招满了三千"戚家军"。

戚继光不光是一位会打仗的将军，更是一位军事家。他更愿意根据实际情况创造武器、思考战术，而不是仅仅运用历史上的兵法。为了打倭寇，他发明了狼筅，又根据唐顺之《武编》中的记载改进了"鸳鸯阵"。这些经验都被戚继光写进了他的军事著作《纪效新书》。在随后的几年时间，只要倭寇一上岸，"戚家军"就使用这种独创的武器和战术，将他们一一消灭。

东南沿海的倭患平定了之后，戚继光又被调到北方去抵御蒙古人的入侵，他所镇守的地方十六年都没有蒙古人敢进犯。他就像明朝的长城一样，牢牢守卫着明朝边境。

被海瑞严厉批评了！

朱厚熜沉迷于炼丹和长生不老，又放任严嵩等人败坏朝纲，把皇宫弄得乌烟瘴气。另一边，边境的百姓们却因为蒙古人和倭寇的侵扰，不得不过着颠沛流离的生活。大臣们深知这种情况，却从来没有人敢于去责问皇上，朱厚熜就这么荒怠政务二十多年。直到1564年，海瑞被召回北京任官。

一到北京，海瑞立刻感受到了朝中的这种奇怪氛围，他感叹皇帝竟昏庸到如此地步。为了警醒朱厚熜，海瑞写下了《直言天下第一事疏》，这是历史上最有名的奏折之一。在这封奏折中，海瑞一一列出朱厚熜的昏庸做派，并且尖锐地批评道："您虽然身为皇上，却没有哪件事情办得好的，简直是处处失职！老百姓家家户户的财产都被搜刮得一干二净，您恐怕不知道民间都在流传'嘉靖'（明世宗朱厚熜年号）就是'家净'吧！"

这封奏折搅得朱厚熜心神不宁。他既为自己的所作所为感到羞愧难当，又为海瑞这么直接地揭穿他而气得咬牙切齿。他想："不行，一定要下令

立刻捉拿海瑞，绝不能让他逃跑了。"这时候，朱厚熜身边的太监上前安慰道："海瑞是不会逃跑的。听说他在上书之前就已经买好棺材，安排好了自己的葬礼。"这就是历史上有名的"备棺上疏"。

朱厚熜虽然最终把海瑞关入大牢，但一直没有杀他。不久，朱厚熜就驾崩了。新继位的明穆宗大赦天下，海瑞就被释放，得以官复原职。

11
大改革家的
悲剧人生！

▲ 明神宗登基的时候年纪
还很小，朝政被他的老
师张居正把持着。

49

万历一朝的开始

朱厚熜驾崩之后，明穆宗朱载垕（Zhū Zàihòu）统治了明朝六年。这六年里，朱载垕并没有做出什么重大的举措，他就像是一个"提线木偶"，先后被内阁首辅徐阶、高拱和张居正辅佐，朝政也没有出什么乱子。像海瑞这样在嘉靖时期受到不公正处罚的官员被官复原职，曾经扰乱朝纲的道士也被关进监狱。东南沿海的倭患基本肃清，蒙古也与明朝签订了和平协议。随后，历史就来到了万历一朝。

你知道最早把西洋古钢琴带入中国的人是谁吗？

▶ 洋人利玛窦带着新奇的西洋物件来到中国。

大改革家张居正

这下该轮到明朝的第二位幼帝、年仅九岁的明神宗朱翊钧（Zhū Yìjūn）登场了。幼帝即位，总是不可避免地会被他人操控，现在的这一位，便是被位高权重的内阁首辅张居正操控着。

张居正是嘉靖时期入朝为官的，当时严嵩担任内阁首辅，把持着朝政，官场黑暗。张居正感觉自己的学识得不到施展，于是称病辞官回乡。六年后，他才在父亲的鼓励之下重新回到北京。经历了两位皇帝后，张居正终于在明神宗时

1569年 墨卡托设计出把地球表面绘在平面上的等角正圆柱投影方法

1573年 张居正提出考成法　　1578年 李时珍写成《本草纲目》

期成为内阁首辅。不仅如此，他还是小皇帝的老师。

这时候的朱翊钧还没有厌烦张居正的人权独揽，相反，他对老师的话言听计从。内阁首辅张居正实际上成为明朝所有事务的决策人，也得以施展自己的政治抱负。他不仅提出定期考核官员的办法，还在全国范围内推行减轻百姓负担的律法。只十年的时间，明朝的政治恢复清明，农民的粮食储备大大增加，一切都在向着好的方向推进。这十年也因此被称作"万历中兴"。

可是，逐渐长大的朱翊钧

1581年 英国里凡特公司成立，经营地中海东岸的贸易

1582年 意大利传教士利玛窦来华

趣味典故

最早的"西学东渐"

唐朝和元朝时期，欧洲曾两次试图向中国人传播基督教，可惜都不了了之。到了明朝中期，耶稣会开始挑选有学识的传教士，更加有计划地向中国人传教。意大利传教士利玛窦便是其中的一位，他于1582年来到澳门，随后在中国度过了他的后半生。他带着西洋的各种新鲜物件，比如自鸣钟、棱镜、击弦古钢琴等，首先吸引中国的官员和雅士，取得他们的信任，而后一步步成为明朝最高统治者朱翊钧的座上宾。在身份得到皇帝的认可之后，利玛窦的声望逐渐传遍了整个中国，这位机智的外国人终于使基督教第一次在中国传播开来。他死后，朱翊钧破例亲准他葬在京郊。

利玛窦发现，通过图书，能更容易地在明朝士大夫之间传播思想。为此，他向明神宗献上《坤舆万国全图》，给中国人带来了第一张世界地图，又与大臣徐光启一起把数学家欧几里得的《几何原本》翻译介绍到中国。这便是最早的"西学东渐"了。

51

▶ "万历中兴"的时候，百姓都很努力干活，日子比较有盼头。

早已开始对老师张居正的严厉控制感到厌烦了！所以，张居正的改革也仅推行了十年。他刚一去世，朱翊钧就迫不及待地清算了他的老师。生前风光无限的张居正，死后却遭到众人唾骂。耗尽张居正一生心血的改革大计，也在这样的情况下被迫终止。

不负责任的恶果

张居正死后，朱翊钧感叹自己终于可以摆脱控制，开始亲政。起初几年，他还兢兢业业、励精图治，但是很快，他就和大臣们闹翻了。

由于皇长子朱常洛是宫女所生，所以朱翊钧一点儿都不喜欢他，迟迟不愿意立他为太子。等到他宠爱的郑贵妃生下了皇三子朱常洵之后，他更是试图"废长立幼"。但是，大臣们决不允许他这么做。直到朱常洛十九岁，朱翊钧才极不情愿地立他为太子。这就是明朝历史上有名的"国本之争"事件。也正是这件事情，使朱翊钧意识到，看似一国之君的

天子，实际上并没有完全的决策权，这使他彻底消极怠政，居然二十多年不再上朝。

人们做事，一定要有责任心，才可能有好的结果，像朱翊钧这样，坐着皇帝的位置，却不履行皇帝的职责，最终给明朝的政治、经济和军事，都造成了灾难。朱翊钧后来生活奢侈挥霍，甚至不顾百姓死活，多次增税。由"国本之争"引发的朝廷派系纷争也一

1593年 英国爱尔兰北部爆发反英起义

1587年 戚继光去世

直延续到1644年明朝灭亡。朝堂之外呢，东北的女真族势力已然兴起，朱翊钧去世的时候，东北的领土已经被后金蚕食大半。这一切，都预示着大明王朝即将走到尽头。万历一朝，也因此成为明朝最为两极分化的时期，前期欣欣向荣，后期颓败堕落。

▲ 尝遍"百草"的
李时珍。

知识充电站

李时珍《本草纲目》

李时珍出生在湖北的一个医学世家。他和周围的同龄人一样，去参加了科举考试。可是三次科举考试的结果都不理想。于是，他决定回家继承祖业，当一名医生。由于从小受到家庭氛围的熏陶，加上自己的天分，没过多久，李时珍就凭借高超的医术声名鹊起。这时，连楚王也注意到了他，不久便将他引荐到京城的太医院担任医官。

来到京城后的李时珍，突然有机会接触平常看不到的药材和书籍，顿时眼界大开。但很快他发现，他所参考的本草书籍当中多有错误。于是，他开始着手编写《本草纲目》，一一核对每一种药材。这项浩大的工程，一共花了他三十余年的时间。可惜的是，当这本书出版面世时，李时珍已经去世了。

 1609年 荷兰与西班牙签订十二年休战协议

1616年 努尔哈赤建立大金政权，史称"后金"

12

旷日持久的"国本之争"

万历年间，册立朱常洛与朱常洵谁为太子的问题一直惹来朝中争论，即使朱常洛后来被明神宗朱翊钧立为太子，朝中上下围绕他的纷争仍没有就此结束。而朱常洵被封为福王后，却迟迟不去自己的封地，这也不合礼制。大臣们纷纷猜测：莫非福王留在京城是想伺机取代太子？但是，朱翊钧并不在意他的臣子们怎么想。纷争又持续了十几年，直到1615年的一天晚上，一个叫张差的人手持木棒闯进了太子的寝宫，想要谋杀太子。事情一出，立刻震惊了朝野！张差招供，说受到郑贵妃身边的宦官指使，所以大家认为此事与朱常洵的母亲郑贵妃脱不了干系。可朱翊钧和太子不愿追究她，所以只是处决了相关的几人，不再彻查下去。这就是明朝末年有名的"梃击案"。

1620年，朱翊钧驾崩，历经波折的朱常洛总算登上皇位，成为明朝的第十四位皇帝。可是好景不长，不到一个月，他就病倒了。后来，朱常洛吃了两颗红色的"仙丹"，很快就驾崩了。这一事件又成了明朝历史上一大疑案，史称"红丸案"。

两位皇帝相继驾崩，十五岁的太子朱由校（即明熹宗）继承了皇位。朱由校的继承资格是无可置疑的，可是，朱常

知识充电站

《闺范》

吕坤是明朝万历年间的一位进士，长期在地方做官的他认为，一个社会的道德好坏并不在于读书人，却在于普通百姓。于是，他专门为农村妇女编写了这本礼仪范本《闺范》，书中的主人公也多为平民妇女。这本书被誉为"闺门箴宝"，一时间风靡全国，供不应求。没想到的是，郑贵妃看到这本书畅销后，执意让人将自己的事迹加入书中，编成《闺范图说》。当时宫中"国本之争"正激烈，便牵连这本民间"畅销书"成了"妖书"。

▼ 太监魏忠贤有权有势，
　 自称"九千岁"。

知识充电站

皇族音乐家

　　在明朝的皇家子弟中，藏着一位了不起的音乐家，他就是朱载堉。在他十五岁那年，因不满父亲郑王朱厚烷被诬陷关押，朱载堉拒绝入宫，自己在宫门外建了一座土屋，一住就是十九年，直到父亲被释放。在这期间，他潜心研究数学和音律，运用精密的数学计算，成为世界上第一个提出以十二平均律进行转调的人。

▼ "移宫案"中，李选侍被迫从乾清宫搬到了哕鸾宫（Huìluángōng）。

洛的宠妃李选侍和宦官魏忠贤看朱由校年少，想趁机把持朝政，并控制了朱由校所居住的乾清宫，朝臣哗然。内阁大臣们纷纷站在乾清宫外，强逼李选侍移出。万般无奈之下，李选侍只能带着公主移居哕鸾宫。这场后宫干政的闹剧也就草草收场，史称"移宫案"。

"东林党"与"阉党"

万历后期，因"国本之争"引起的争论持续了几十年。一旦发生争吵，就最容易形成派别，更何况是这么旷日持久的争吵。很快，朝廷里面就分出了不同的派别。一派是以顾宪成等江南士大夫官员为主的"东林党"，另一派则是联合反对东林党的其他党派。

由于顾宪成一再逼迫朱翊钧立他不喜欢的朱常洛为太子，朱翊钧早就看他不顺眼了。最后，顾宪成被革职遣返江苏无锡的老家。但因为顾宪成为官正直、敢于直谏，有着很高的声望，所以，他一回乡就吸引了很多慕名来请教的学者和官员。一时间，顾宪成成了当地最受欢迎的老师，无锡的客栈里都住满了拜见他的客人。迫不得已，顾宪成和弟弟商量着，重修了宋朝杨时讲道的东林书院，开始了固定的讲学。他写有"风声雨声读书声声声入耳，家事国事天下事事事关心"的名联。这些与顾宪成有着相同志向的人，被他们的政敌称作"东林党"。尽管皇帝不理国事，国家已经陷入衰败，东林党人依然恪尽职守，以天下为己任。直到朱常洛当了皇上，他们才仿佛看到希望。可惜这个希望只持续了不到一个月。

明熹宗朱由校即位时虽然已经十五岁，却仍像个"没断奶"的孩子，他依赖着从小照顾他的乳母客氏和宦官魏忠贤。就像刘瑾曾经让朱厚照沉湎玩乐一样，魏忠贤看准了朱由校酷爱木工的特点，为朱由校制作木器，并提供所有的便利。得到皇帝的宠信之后，魏忠贤就开始实施自己的计划了。他控制着东厂和锦衣卫，广收"义子"，结成"阉党"。很多反对东林党的人纷纷投入阉党门下。

等到大权在握，魏忠贤第一件要做的事情就是除掉东林党这群"眼中钉"。他伪造罪名，大肆抓捕东林党人，下令毁尽天下所有书院。在势力强大的阉党面前，东林党毫无还击之力，东林书院也被拆毁。这时候的朝廷，已经没有正直官员的立足之地了，从内阁到六部，再到地方，都处在魏忠贤的控制之下。这时候的魏忠贤，比之前任何一位明朝掌权宦官的权力都大，这也是明朝建立以来最严重的一次"宦官乱政"。

世界

中国

1621年 荷兰西印度公司成立

1626年 北京王恭厂大爆炸　　1627年 明末农民起义爆发

大事记

58

▼ 万历后朝，朝廷里出现了不同派别，"东林党"就是其中的一派。

59

13

君王死于社稷！

明朝的最后一个皇帝是因为什么而死的？

物极必反。就在魏忠贤一干人等气焰极盛之时，朱由校病逝，皇位则由弟弟信王朱由检继承，也就是崇祯皇帝。朱由检目睹了朝廷上下的黑暗混乱，一心想要革除弊政。他快刀斩乱麻般迅速铲除了阉党，又重新启用了东林党人，令朝臣们感到十分欣慰。然而，这个时候朱由检接手的大明王朝，已经如同一位病入膏肓（Gāohuāng）的病人，回天乏术。

在朱由检的祖父万历皇帝朱翊钧消极怠政的二十多年时间里，曾经建立过金朝的女真人暗地里重新崛起。建州女真成为其中实力最强的一支，很快，它就统一了女真各部，建立了"后金"，也就是后来的清朝。统一女真部落后，后金将目标对准了风雨飘摇的明朝。在万历一朝刚刚结束时，后金已经稳稳占据了东北大部分地区。而等到朱由检即位之时，后金军队更是势如破竹，四次越过长城，直接进入明朝腹地。

另一方面，由于明朝从上到下长期陷入荒怠，到了崇祯年间，实在难以为继。旱灾、

▼ 朱由检在煤山上吊自杀。

1640年 英国资产阶级革命开始

1636年 皇太极即位，改国号为"大清"　　　　　　　　　　1644年 朱由检上吊自杀，明朝灭亡

宋应星《天工开物》

宋应星出生在江西奉新的一个没落官宦人家，从小他就聪明好学，喜欢读书。因此，全家人都指望他能考上科举，入朝为官。二十八岁那年，宋应星和哥哥宋应昇一起参加乡试，一个考了第三名，一个考了第六名。一家子竟同时出了两位举人，一时间在家乡传为美谈，人称"奉新二宋"。然而，在这之后，兄弟二人连考五次都没有考中会试。宋应星感到十分沮丧，他决定放弃做官，回乡侍奉母亲。

虽然几次进京赶考都名落孙山，但数次的长途跋涉却打开了宋应星的眼界，他感叹着："我们读书人平日里埋头苦读四书五经，不愁衣食，却并不知道我们吃的粮食从哪里来，也不知道我们穿的衣服是怎么织造的。这不是很可笑吗？"他萌发了为世人写一本关于农业和手工业科普书籍的想法。打定主意之后，他便开始四处旅行考证，写成了一本"技术的百科全书"——《天工开物》。这本书的内容，从粮食栽培到船舶制造，再到宝石开采，无所不包。

▼ 百科全书《天工开物》中的水转翻车。

寒流、蝗灾等自然灾害接连发生，百姓很难吃上一顿饱饭。由于国库空虚，为了应付东北的军费开支，朝廷只好不断增加赋税。在层层重压之下，走投无路的农民们结成一支又一支的起义军，试图推翻现有的统治者，为自己寻求生存的可能。在这种全国一片混乱的时候，农民起义军领袖李自成提出"均田免赋"的口号，赢得了依靠种田为生的老百姓的信任，起义的队伍迅速壮大。1644年，李自成在西安称帝，定国号大顺。正式建国之后，李自成立刻带领农民军一路向东，直奔北京。留在北京城的官员、宦官们纷纷出门迎降，李自成很顺利就进入了明朝皇宫。这一切，都被朱由检看得清清楚楚，心如死灰的他在煤山（今北京景山）上吊自杀。这一年是1644年，统治中国两百七十六年的明朝灭亡。

▼ 明朝"旅行达人"
徐霞客。

徐霞客
《徐霞客游记》

徐霞客出生在江苏的一个书香世家，家里条件很好。他的父亲是一位耿直孤傲的文人，不喜做官，也从不跟朝廷官员打交道，唯一的喜好就是游山玩水。他的母亲则非常通情达理，尽管徐霞客的父亲动不动就带着儿子四处旅游，很少待在家里，她也从不抱怨什么。在开明的家庭环境影响之下，徐霞客慢慢喜欢上了历史、地理、游记一类的书籍，读起书来手不释卷。

徐霞客二十多岁的时候，他也开始像父亲一样走出家门，独自到全国各地游历。他一边旅行，一边事无巨细地记录着旅途中的见闻和科学发现。不知不觉，二十多年过去了，他的足迹已经踏遍了大半个中国！徐霞客每到一个地方旅游，往往都会写下旅游日记。后来，人们将他的游记搜集整理，于是就诞生了著名的《徐霞客游记》。徐霞客通过自己的发现，给人们留下了许多先进的地理知识。比如，他发现的关于岩溶地貌（即喀斯特地貌）的知识，西方人要到一两百年之后才发现。

63

14

七零八落的
半壁江山！

你知道明朝的最后一个
政权是谁建立的吗？

崇祯皇帝朱由检上吊自杀
的消息直到四十多天之后才传
到南京。在一阵震惊和慌乱之
后，南京的大臣们紧急商议，
决定先确立一位新皇帝，保住南
方的半壁江山。在这种情况下，

福王朱由崧（Zhū Yóusōng）被
推上了皇位，定年号弘光。然
而，这位昏庸的弘光皇帝不仅
只顾享乐，还错误地听信马士
英的话，制定"联清灭顺"的
方针，试图依靠清军的力量来
消灭农民军。结果，清军轻而
易举就攻陷南京，弘光政权仅
维持一年就灭亡了。

南京陷落之后，又有两位
藩王分别在福州和绍兴建立了
新的政权——隆武政权和鲁王
政权。这是明朝第一次出现两
个朝廷并存的局面。但是好景
不长，清军很快就打到了南

方，这两个政权也随之结束
了。

再后来，更南边的两广地
区又迅速出现了永历朝廷和绍
武朝廷，分别占据着肇庆和梧
州。这两个朝廷似乎忘记了共
同的敌人——清军，只顾"窝
里反"，斗得不可开交。待清
军杀到两广地区时，绍武皇帝
直接被清军杀害，永历皇帝则
幸运地逃到了缅甸。直到1662
年，降清的将领吴三桂带兵赶
到缅甸，捉到了永历皇帝，并
将他带回昆明处死。南明的最
后一个政权也随着永历皇帝的

1649年 英国下院为审判查理一世设立最高法庭

1662年 郑成功收复台湾　　　　1682年 顾炎武去世

▼ 图为紫禁城中的坤宁宫屋顶。紫禁城
的宫殿屋顶大多有小兽，举例来说，
只有皇帝登基的太和殿屋顶有十个小
兽，宫殿等级越低，小兽数量就越
少。图中的坤宁宫是明清皇后的宫
殿，屋顶有七个小兽。

遇害，宣告灭亡。

在南明政权一个接一个灭亡的过程中，有一支力量却暗自发展壮大。这支力量的领头人名叫郑成功，他后来建立的政权也因此被称为台湾郑氏政权。

早年，郑成功的父亲郑芝龙是福建一带的海盗兼商人，实力雄厚。很快，明朝就注意到了他，希望他能归顺朝廷。郑芝龙认真考虑了很久，决定接受明朝的招安，成为手握重权的福建总兵。不久，清军追着残余的明朝势力来到福建，郑芝龙思来想去："一旦清军攻打过来，我郑家辛苦积攒下来的家产恐怕不保啊！如果我主动投降，说不定还能挽救郑家。"于是他偷偷地跑到清军的军营投降。但是，清军并没有买他的账，反而将他抓了起来。

很快，清军就打到了福州，郑成功的母亲在战乱中自杀身亡。想到父亲被抓，母亲死于战乱，明朝也被清军打得七零八落，从小在父亲军营长大的郑成功下定决心："我要代表朝廷，势必和清军对抗到底！"郑成功带着几十名部下，以金门为据点，没过几年，就攻占了闽南，又从清军手里夺回了厦门。但是，金门和厦门地方狭小，资源不足，实在难以支撑长期的战争。而

与福建一海之隔的台湾和澎湖列岛就不同了，那里不仅资源丰富，而且不善水战的清军难以进攻，对郑成功来说再合适不过了。

可是，这时候的台湾正处在荷兰人的控制之下，他们在岛上设有周密的防备，要夺岛，谈何容易。正当郑成功犹豫不定之时，一位台湾的华人翻译偷偷给郑成功进献了一张荷兰人在台湾的军事防卫地图。这张小小的地图，发挥了至关重要的作用，帮助郑成功顺利收复了台湾。

清廷得知郑成功已占据台湾，正如郑成功所料，他们并不敢轻易进攻。接下来，郑成功便全心安顿岛上的居民。他按照自己的规划实施行政管理，鼓励岛上的百姓屯田垦荒和进行海外贸易。在郑成功的管理下，百姓们井然有序地生产和贸易，过上了丰衣足食的生活。在郑成功去世之后，他的儿孙们继续接管台湾，就这样又过了二十年。

1682年，清朝的统治已经稳固下来。于是，清军做足准备，开始全力进攻台湾。第二年，郑成功的孙子郑克塽迫于压力，不得不宣布投降，随着"明郑"政权的瓦解，最后一支抗清势力覆灭了。

▼ 清军水师进攻台湾郑氏。

15

明朝，古代小说的"黄金时代"！

《三国演义》张飞

《三国演义》刘备

《三国演义》关羽

中国的四大名著，在这时候就已经诞生了其中三部啦！你知道是哪三部吗？

宋朝流行说书，而且说书人说的都是一些发生在帝王将相、英雄好汉和寻常百姓身上的传奇故事，可有意思了！但可惜的是，它是一种口头的文学，说书的人只会保存简单的底本，也就是故事的提纲，宋朝人管它叫话本。等到下次要讲故事的时候再临场发挥、临时创作。到了明朝，有人把这些底本整理出来，再加上自己的想象，写成长篇或者短篇的故事书。

《三国演义》

这是中国的第一部长篇历史章回小说。章回的意思就是按照章节来讲故事，这种小说体例在明朝才正式形成。这部小说讲述了东汉末年群雄割据混战和魏、蜀、吴三国之间的政治军事斗争，以及西晋建立的故事。其中的一些故事情节，在唐朝时就已经广为流传。到了明朝，罗贯中又结合民间的传说、戏曲和话本，参照史料，写成了小说。清朝时，经过小说家毛宗岗重新修订，才成为我们现在看到的版本。

趣味典故

逼上梁山

《水浒传》中，林冲原本是八十万禁军枪棒教头，只因为当朝太尉的干儿子想要将他的妻子据为己有，就设计陷害他，将他发配沧州，途中又两次派人暗杀。林冲被逼得走投无路，于是在一个雪夜投奔梁山，当了一名土匪。逼上梁山的意思就是被逼上梁山做土匪，比喻被迫走上绝路，做出自己不想或者不应该做的事情。

《水浒传》

这部长篇历史小说是根据民间流传的北宋历史上的一次农民起义改编的。北宋末年，官逼民反，一百零八位英雄好汉在梁山揭竿起义。传说这一百零八将的前身，都是被道教传人张天师镇压在龙虎山伏魔殿的星君，也就是主宰各个方位的神明。后来他们逃出转世，看见宋朝腐败，于是集结在梁山这个地方，齐心对抗朝廷。南宋时，"水浒"就已经成为民间最流行的故事。到了明朝，施耐庵将它改编成为小说，也颇受老百姓的欢迎。但是，这本书的命运却有些悲惨。清朝的康熙皇帝和乾隆皇帝都曾多次下令焚毁它，以免老百姓看了之后萌发反抗的想法。尽管如此，书商们还是因为老百姓喜欢阅读《水浒传》，不断地重新刻印。

《水浒传》武松

《水浒传》李逵

《西游记》唐僧师徒

《西游记》

　　这是中国的第一部章回体长篇神魔小说，故事源于唐朝高僧玄奘只身去印度取经的真实历史。宋朝人将这段历史改编成唐僧、孙悟空、沙僧三人一同取经的故事，并在民间流传下来。到了元朝，人们又在故事中增加了猪八戒，变成师徒四人一同取经。明朝的小说家吴承恩在此基础上进行了重新改编，才有了现在的《西游记》。师徒四人一路降妖除魔，历经九九八十一难，终于到达西天见到了如来佛祖，取得真经。

《封神演义》

这是明朝的又一本著名的长篇神魔小说，有一种说法称作者是明朝的许仲琳。故事取材于武王伐纣、商周易代的历史事件，同样是改编作品，作者在宋朝的说书话本的基础上加入了很多神魔想象。正如人间分为武王和纣王两派一样，天上的神仙也分为两派。一派是阐教，由主宰天界之祖的元始天尊创立，代表好的一方，支持武王。另一派是截教，门下主要是一些修炼得道的禽兽异物，他们代表坏的一方，支持纣王。两个教派为了各自支持的对象，互相斗法斗宝，最后纣王失败，自焚而死。实际上，这两大教派都是现实中不存在的。最后，姜子牙将双方战死的重要人物都封为神仙。这正是《封神演义》名字的由来。

《封神演义》太上老君

知识充电站

戏曲"临川四梦"

明朝时，戏曲演变为"传奇"。这时候，最著名的戏曲作家是临川派的创始人汤显祖，他创作的四部讲述梦境的戏曲被称为"临川四梦"，分别是《紫钗记》《还魂记》《南柯记》《邯郸记》。在这四部作品中，汤显祖自己最为满意的一部是《还魂记》，也就是有名的《牡丹亭》。

故事的女主人公杜丽娘是宋朝一位太守的女儿，有一天，她在花园散着步，却一不小心睡着了。睡梦中，她偶遇了一位长相俊秀的书生柳梦梅。梦醒之后，发现书生不知所踪。从此，她就患上了相思病，每天茶不思饭不想，最终因病去世。临死之前，杜丽娘请求家人一定将自己葬在梅花庵，并在庵内放一幅她的自画像。转眼间，三年过去，柳梦梅进京赶考，正巧投宿在梅花庵。当他见到杜丽娘的画像后，心生爱慕。于是，他顺着画像找到了杜丽娘的坟墓。当他挖开坟墓的一瞬间，杜丽娘竟死而复生。

《金瓶梅词话》

这是中国的第一部长篇市井章回体小说，故事主要改编自《水浒传》中西门庆的故事，"金瓶梅"三个字分别取自潘金莲、李瓶儿、春梅这三位女子的名字。这部小说第一次细致地描述了市井百姓的日常生活和家庭琐事，对后来《红楼梦》的成书有非常大的启发。小说的作者署名为兰陵笑笑生，但是他的真实姓名却一直无法考证。

"三言""二拍"

明朝人冯梦龙搜集了许多讲述老百姓生活故事的短篇话本，将它们整理成书，分别取名《喻世明言》《警世通言》《醒世恒言》，也就是历史上流传甚广的"三言"。这其中，最出名的莫过于《警世通言》中的《杜十娘怒沉百宝箱》。

杜十娘本是京城的名妓，漂亮又有才情。有一天，杜十娘在街上偶遇书生李甲，两人一见钟情。回到住所后，杜十娘立马拿出自己的所有积蓄，为自己赎了身。正当她拿着剩余的财宝，准备与李甲相伴终生时，却不小心得知，李甲竟早已暗中将自己卖给了富商！杜十娘一气之下，将所有的财宝扔到河里，然后纵身一跃，投河自尽。

在冯梦龙的启发之下，凌濛初创作了《初刻拍案惊奇》《二刻拍案惊奇》两本短篇白话小说集，合称"二拍"。由于这五本书在当时民间不容易买到，并且内容水平参差不齐，一位署名"抱瓮老人"（真名不详）的人就精选了其中的四十篇，汇编成《今古奇观》一书。到了清朝，"三言"和"二拍"一度失传，《今古奇观》却在民间广为流传，成为百姓喜爱的白话小说集。

《牡丹亭》杜丽娘